TRANZLATY

Language is for everyone

Taal is voor iedereen

Aladdin and the Wonderful Lamp

Aladdin en de Prachtige Lamp

Antoine Galland

English / Nederlands

Copyright © 2025 Tranzlaty
All rights reserved
Published by Tranzlaty
ISBN: 978-1-83566-919-8
Original text by Antoine Galland
From *"Les mille et une nuits"*
First published in French in 1704
Taken from The Blue Fairy Book
Collected and translated by Andrew Lang
www.tranzlaty.com

Once upon a time there lived a poor tailor
Er was eens een arme kleermaker
this poor tailor had a son called Aladdin
deze arme kleermaker had een zoon genaamd Aladdin
Aladdin was a careless, idle boy who did nothing
Aladdin was een zorgeloze, luie jongen die niets deed
although, he did like to play ball all day long
hoewel hij de hele dag met de bal speelde
this he did in the streets with other little idle boys
dit deed hij op straat met andere kleine luie jongens
This so grieved the father that he died
Dit maakte de vader zo verdrietig dat hij stierf
his mother cried and prayed, but nothing helped
zijn moeder huilde en bad, maar niets hielp
despite her pleading, Aladdin did not mend his ways
ondanks haar smeekbeden verbeterde Aladdin zijn gedrag niet
One day, Aladdin was playing in the streets, as usual
Op een dag speelde Aladdin zoals gewoonlijk op straat
a stranger asked him his age
een vreemdeling vroeg hem naar zijn leeftijd
and he asked him, "are you not the son of Mustapha the tailor?"
En hij vroeg hem: 'Bent u niet de zoon van Mustafa, de kleermaker?'
"I am the son of Mustapha, sir," replied Aladdin
"Ik ben de zoon van Mustapha, mijnheer," antwoordde Aladdin
"but he died a long time ago"
"maar hij is al lang geleden gestorven"
the stranger was a famous African magician
de vreemdeling was een beroemde Afrikaanse magiër
and he fell on his neck and kissed him
en hij viel hem om de hals en kuste hem
"I am your uncle," said the magician

"Ik ben je oom," zei de magiër
"I knew you from your likeness to my brother"
"Ik kende je van je gelijkenis met mijn broer"
"Go to your mother and tell her I am coming"
"Ga naar je moeder en vertel haar dat ik kom"
Aladdin ran home and told his mother of his newly found uncle
Aladdin rende naar huis en vertelde zijn moeder over zijn nieuw gevonden oom
"Indeed, child," she said, "your father had a brother"
"Inderdaad, kind," zei ze, "je vader had een broer"
"but I always thought he was dead"
"maar ik dacht altijd dat hij dood was"
However, she prepared supper for the visitor
Ze bereidde echter het avondeten voor de bezoeker
and she bade Aladdin to seek his uncle
en ze beval Aladdin om zijn oom te zoeken
Aladdin's uncle came laden with wine and fruit
De oom van Aladdin kwam beladen met wijn en fruit
He fell down and kissed the place where Mustapha used to sit
Hij viel neer en kuste de plaats waar Mustapha vroeger zat
and he bid Aladdin's mother not to be surprised
en hij zei tegen Aladdins moeder dat ze niet verrast moest zijn
he explained he had been out of the country for forty years
hij legde uit dat hij veertig jaar lang uit het land was geweest
He then turned to Aladdin and asked him his trade
Hij wendde zich toen tot Aladdin en vroeg hem naar zijn beroep
but the boy hung his head in shame
maar de jongen liet zijn hoofd in schaamte hangen
and his mother burst into tears

en zijn moeder barstte in tranen uit
so Aladdin's uncle offered to provide food
dus bood de oom van Aladdin aan om voedsel te leveren
The next day he bought Aladdin a fine set of clothes
De volgende dag kocht hij voor Aladdin een mooie set kleren
and he took him all over the city
en hij nam hem mee door de hele stad
he showed him the sights of the city
hij liet hem de bezienswaardigheden van de stad zien
at nightfall he brought him home to his mother
bij het vallen van de avond bracht hij hem naar huis bij zijn moeder
his mother was overjoyed to see her son so well dressed
zijn moeder was dolblij om haar zoon zo goed gekleed te zien
The next day the magician led Aladdin into some beautiful gardens
De volgende dag leidde de magiër Aladdin naar een aantal prachtige tuinen
this was a long way outside the city gates
dit was ver buiten de stadspoorten
They sat down by a fountain
Ze zaten bij een fontein
and the magician pulled a cake from his girdle
en de goochelaar trok een taart uit zijn gordel
he divided the cake between the two of them
hij verdeelde de taart tussen hen beiden
Then they journeyed onward till they almost reached the mountains
Toen reisden ze verder totdat ze bijna de bergen bereikten
Aladdin was so tired that he begged to go back
Aladdin was zo moe dat hij smeekte om terug te mogen gaan
but the magician beguiled him with pleasant stories

maar de magiër bekoorde hem met aangename verhalen
and he led him on in spite of his laziness
en hij leidde hem voort ondanks zijn luiheid
At last they came to two mountains
Uiteindelijk kwamen ze bij twee bergen
the two mountains were divided by a narrow valley
de twee bergen werden gescheiden door een smalle vallei
"We will go no farther," said the false uncle
"We gaan niet verder", zei de valse oom
"I will show you something wonderful"
"Ik zal je iets wonderbaarlijks laten zien"
"gather up sticks, while I kindle a fire"
"Verzamel hout, terwijl ik een vuur aanmaak"
When the fire was lit the magician threw a powder on it
Toen het vuur brandde, gooide de magiër er poeder op
and he said some magical words
en hij zei een paar magische woorden
The earth trembled a little and opened in front of them
De aarde beefde een beetje en opende zich voor hen
a square flat stone revealed itself
een vierkante platte steen onthulde zichzelf
and in the middle of the stone was a brass ring
en in het midden van de steen zat een koperen ring
Aladdin tried to run away
Aladdin probeerde weg te rennen
but the magician caught him
maar de magiër ving hem
and gave him a blow that knocked him down
en gaf hem een klap die hem neersloeg
"What have I done, uncle?" he said, piteously
"Wat heb ik gedaan, oom?" zei hij zielig
the magician said more kindly, "Fear nothing, but obey me"
De magiër zei vriendelijker: "Wees niet bang, maar gehoorzaam mij"

"Beneath this stone lies a treasure which is to be yours"
"Onder deze steen ligt een schat die voor jou bestemd is"
"and no one else may touch this treasure"
"en niemand anders mag deze schat aanraken"
"so you must do exactly as I tell you"
"dus je moet precies doen wat ik je zeg"
At the mention of treasure Aladdin forgot his fears
Bij het noemen van de schat vergat Aladdin zijn angsten
he grasped the ring as he was told
hij greep de ring vast zoals hem was verteld
and he said the names of his father and grandfather
en hij noemde de namen van zijn vader en grootvader
The stone came up quite easily
De steen kwam vrij gemakkelijk omhoog
and some steps appeared in front of them
en er verschenen enkele treden voor hen
"Go down," said the magician
"Ga naar beneden," zei de magiër
"at the foot of those steps you will find an open door"
"aan de voet van die treden vindt u een open deur"
"the door leads into three large halls"
"de deur leidt naar drie grote hallen"
"Tuck up your gown and go through the halls"
"Trek je jurk omhoog en ga door de gangen"
"make sure not to touch anything"
"zorg ervoor dat je niets aanraakt"
"if you touch anything, you will instantly die"
"als je iets aanraakt, ga je onmiddellijk dood"
"These halls lead into a garden of fine fruit trees"
"Deze hallen leiden naar een tuin met mooie fruitbomen"
"Walk on until you reach a gap in the terrace"
"Loop door tot je een gat in het terras bereikt"
"there you will see a lighted lamp"
"daar zul je een brandende lamp zien"
"Pour out the oil of the lamp"

"Giet de olie uit de lamp"
"and then bring me the lamp"
"en breng mij dan de lamp"
He drew a ring from his finger and gave it to Aladdin
Hij haalde een ring van zijn vinger en gaf deze aan Aladdin
and he bid him to prosper
en hij gebood hem om voorspoedig te zijn
Aladdin found everything as the magician had said
Aladdin vond alles zoals de magiër had gezegd
he gathered some fruit off the trees
hij plukte wat fruit van de bomen
and, having got the lamp, he arrived at the mouth of the cave
en nadat hij de lamp had gepakt, kwam hij bij de ingang van de grot aan
The magician cried out in a great hurry
De magiër riep in grote haast
"Make haste and give me the lamp"
"Haast je en geef mij de lamp"
Aladdin refused to do this until he was out of the cave
Aladdin weigerde dit te doen totdat hij uit de grot was
The magician flew into a terrible rage
De magiër werd vreselijk woedend
he threw some more powder on to the fire
hij gooide nog wat meer kruit op het vuur
and then he cast another magic spell
en toen sprak hij nog een magische spreuk uit
and the stone rolled back into its place
en de steen rolde terug op zijn plaats
The magician left Persia for ever
De magiër verliet Perzië voorgoed
this plainly showed that he was no uncle of Aladdin's
dit toonde duidelijk aan dat hij geen oom was van Aladdin
what he really was was a cunning magician
wat hij werkelijk was, was een sluwe magiër

a magician who had read of a magic lamp
een goochelaar die over een magische lamp had gelezen
a magic lamp which would make him the most powerful man in the world
een magische lamp die hem de machtigste man ter wereld zou maken
but he alone knew where to find the magic lamp
maar hij alleen wist waar hij de magische lamp kon vinden
and he could only receive the magic lamp from the hand of another
en hij kon de magische lamp alleen ontvangen uit de hand van een ander
He had picked out the foolish Aladdin for this purpose
Hij had de dwaze Aladdin voor dit doel uitgekozen
he had intended to get the magical lamp and kill him afterwards
hij had van plan de magische lamp te bemachtigen en hem daarna te doden
For two days Aladdin remained in the dark
Twee dagen lang bleef Aladdin in het donker
he cried and lamented his situation
hij huilde en betreurde zijn situatie
At last he clasped his hands in prayer
Ten slotte vouwde hij zijn handen in gebed
and in so doing he rubbed the ring
en daarbij wreef hij over de ring
the magician had forgotten to take the ring back from him
de goochelaar was vergeten de ring van hem terug te nemen
Immediately an enormous and frightful genie rose out of the earth
Onmiddellijk steeg er een enorme en angstaanjagende geest uit de aarde op
"What would thou have me do?"
"Wat wil je dat ik doe?"

"I am the Slave of the Ring"
"Ik ben de slaaf van de ring"
"and I will obey thee in all things"
"en ik zal u in alles gehoorzamen"
Aladdin fearlessly replied: "Deliver me from this place!"
Aladdin antwoordde onverschrokken: "Bevrijd mij van deze plaats!"
and the earth opened above him
en de aarde opende zich boven hem
and he found himself outside
en hij bevond zich buiten
As soon as his eyes could bear the light he went home
Zodra zijn ogen het licht konden verdragen ging hij naar huis
but he fainted when he got there
maar hij viel flauw toen hij daar aankwam
When he came to himself he told his mother what had happened
Toen hij bijkwam vertelde hij zijn moeder wat er gebeurd was
and he showed her the lamp
en hij liet haar de lamp zien
and he showed her the fruits he had gathered in the garden
en hij liet haar de vruchten zien die hij in de tuin had geplukt
the fruits were, in reality, precious stones
de vruchten waren in werkelijkheid edelstenen
He then asked for some food
Hij vroeg toen om wat eten
"Alas! child," she said
"Helaas! kind," zei ze
"I have no food in the house"
"Ik heb geen eten in huis"
"but I have spun a little cotton"

"maar ik heb een beetje katoen gesponnen"
"and I will go and sell the cotton"
"en ik zal het katoen gaan verkopen"
Aladdin bade her keep her cotton
Aladdin gebood haar haar katoen te houden
he told her he would sell the magic lamp instead of the cotton
hij vertelde haar dat hij de magische lamp zou verkopen in plaats van het katoen
As it was very dirty she began to rub the magic lamp
Omdat het erg vuil was, begon ze de magische lamp te wrijven
a clean magic lamp might fetch a higher price
een schone magische lamp kan een hogere prijs opleveren
Instantly a hideous genie appeared
Onmiddellijk verscheen er een afschuwelijke geest
he asked what she would like to have
hij vroeg wat ze graag zou willen hebben
at the sight of the genie she fainted
bij het zien van de geest viel ze flauw
but Aladdin, snatching the magic lamp, said boldly:
maar Aladdin greep de wonderlamp en zei stoutmoedig:
"Fetch me something to eat!"
"Haal wat te eten voor me!"
The genie returned with a silver bowl
De geest kwam terug met een zilveren schaal
he had twelve silver plates containing rich meats
hij had twaalf zilveren borden met rijk vlees
and he had two silver cups and two bottles of wine
en hij had twee zilveren bekers en twee flessen wijn
Aladdin's mother, when she came to herself, said:
Toen Aladdins moeder weer bijkwam, zei ze:
"Whence comes this splendid feast?"
"Waar komt dit prachtige feest vandaan?"
"Ask not where this food came from, but eat, mother,"

replied Aladdin
"Vraag niet waar dit voedsel vandaan komt, maar eet, moeder," antwoordde Aladdin
So they sat at breakfast till it was dinner-time
Dus zaten ze aan het ontbijt tot het etenstijd was
and Aladdin told his mother about the magic lamp
en Aladdin vertelde zijn moeder over de magische lamp
She begged him to sell the magic lamp
Ze smeekte hem om de magische lamp te verkopen
"let us have nothing to do with devils"
"laten we niets met duivels te maken hebben"
but Aladdin had thought it would be wiser to use the magic lamp
maar Aladdin had gedacht dat het verstandiger zou zijn om de magische lamp te gebruiken
"chance hath made us aware of the magic lamp's virtues"
"het toeval heeft ons bewust gemaakt van de deugden van de magische lamp"
"we will use the magic lamp, and we will use the ring"
"we zullen de magische lamp gebruiken, en we zullen de ring gebruiken"
"I shall always wear the ring on my finger"
"Ik zal altijd de ring aan mijn vinger dragen"
When they had eaten all the genie had brought, Aladdin sold one of the silver plates
Toen ze alles hadden opgegeten wat de djinn had meegebracht, verkocht Aladdin een van de zilveren borden
and when he needed money again he sold the next plate
en toen hij weer geld nodig had, verkocht hij het volgende bord
he did this until no plates were left
hij deed dit totdat er geen borden meer over waren
He then made another wish to the genie
Vervolgens deed hij nog een wens aan de geest
and the genie gave him another set of plates

en de geest gaf hem nog een set borden
and in this way they lived for many years
en op deze manier leefden ze vele jaren
One day Aladdin heard an order from the Sultan
Op een dag hoorde Aladdin een bevel van de Sultan
everyone was to stay at home and close their shutters
iedereen moest thuis blijven en de luiken sluiten
the Princess was going to and from her bath
de prinses ging naar en van haar bad
Aladdin was seized by a desire to see her face
Aladdin werd overmand door een verlangen om haar gezicht te zien
although it was very difficult to see her face
hoewel het erg moeilijk was om haar gezicht te zien
because everywhere she went she wore a veil
omdat ze overal waar ze ging een sluier droeg
He hid himself behind the door of the bath
Hij verstopte zich achter de deur van het bad
and he peeped through a chink in the door
en hij gluurde door een kier in de deur
The Princess lifted her veil as she went in to the bath
De prinses tilde haar sluier op toen ze in bad ging
and she looked so beautiful that Aladdin instantly fell in love with her
en ze zag er zo mooi uit dat Aladdin meteen verliefd op haar werd
He went home so changed that his mother was frightened
Hij ging zo veranderd naar huis dat zijn moeder bang werd
He told her he loved the Princess so deeply that he could not live without her
Hij vertelde haar dat hij zo veel van de prinses hield dat hij niet zonder haar kon leven.
and he wanted to ask her in marriage of her father
en hij wilde haar ten huwelijk vragen aan haar vader
His mother, on hearing this, burst out laughing

Toen zijn moeder dit hoorde, barstte ze in lachen uit
but Aladdin finally convinced her to go to the Sultan
maar Aladdin overtuigde haar uiteindelijk om naar de Sultan te gaan
and she was going to carry his request
en ze zou zijn verzoek uitvoeren
She fetched a napkin and laid in it the magic fruits
Ze pakte een servet en legde er de magische vruchten op
the magic fruits from the enchanted garden
de magische vruchten uit de betoverde tuin
the fruits sparkled and shone like the most beautiful jewels
de vruchten schitterden en schitterden als de mooiste juwelen
She took the magic fruits with her to please the Sultan
Ze nam de magische vruchten mee om de Sultan te plezieren
and she set out, trusting in the lamp
en ze ging op pad, vertrouwend op de lamp
The Grand Vizier and the lords of council had just gone into the palace
De grootvizier en de heren van de raad waren net het paleis binnengegaan
and she placed herself in front of the Sultan
en ze plaatste zich voor de Sultan
He, however, took no notice of her
Hij lette echter niet op haar
She went every day for a week
Ze ging een week lang elke dag
and she stood in the same place
en ze stond op dezelfde plaats
When the council broke up on the sixth day the Sultan said to his Vizier:
Toen de raad op de zesde dag uiteenging, zei de sultan tegen zijn vizier:

"I see a certain woman in the audience-chamber every day"
"Ik zie elke dag een bepaalde vrouw in de audiëntiezaal"
"she is always carrying something in a napkin"
"Ze draagt altijd iets in een servet"
"Call her to come to us, next time"
"Bel haar de volgende keer maar om naar ons toe te komen"
"so that I may find out what she wants"
"zodat ik erachter kan komen wat ze wil"
Next day the Vizier gave her a sign
De volgende dag gaf de vizier haar een teken
she went up to the foot of the throne
ze ging naar de voet van de troon
and she remained kneeling till the Sultan spoke to her
en ze bleef knielen totdat de sultan tot haar sprak
"Rise, good woman, tell me what you want"
"Sta op, goede vrouw, vertel me wat je wilt"
She hesitated, so the Sultan sent away all but the Vizier
Ze aarzelde, dus de Sultan stuurde iedereen weg behalve de Vizier
and he bade her to speak frankly
en hij verzocht haar om openhartig te spreken
and he promised to forgive her for anything she might say
en hij beloofde haar te vergeven voor alles wat ze zou zeggen
She then told him of her son's great love for the Princess
Ze vertelde hem toen over de grote liefde van haar zoon voor de prinses
"I prayed for him to forget her," she said
"Ik heb gebeden dat hij haar zou vergeten", zei ze
"but my prayers were in vain"
"maar mijn gebeden waren tevergeefs"
"he threatened to do some desperate deed if I refused to go"

"Hij dreigde een wanhopige daad te doen als ik weigerde te gaan"
"and so I ask your Majesty for the hand of the Princess"
"en daarom vraag ik Uwe Majesteit om de hand van de Prinses"
"but now I pray you to forgive me"
"maar nu bid ik u om mij te vergeven"
"and I pray that you forgive my son Aladdin"
"en ik bid dat u mijn zoon Aladdin vergeeft"
The Sultan asked her kindly what she had in the napkin
De Sultan vroeg haar vriendelijk wat er in de servet zat
so she unfolded the napkin
dus ze vouwde de servet open
and she presented the jewels to the Sultan
en zij presenteerde de juwelen aan de Sultan
He was thunderstruck by the beauty of the jewels
Hij was verbijsterd door de schoonheid van de juwelen
and he turned to the Vizier and asked, "What sayest thou?"
en hij wendde zich tot de vizier en vroeg: "Wat zeg je?"
"Ought I not to bestow the Princess on one who values her at such a price?"
"Moet ik de prinses niet aan iemand toevertrouwen die haar zo hoog inschat?"
The Vizier wanted her for his own son
De Vizier wilde haar voor zijn eigen zoon
so he begged the Sultan to withhold her for three months
dus smeekte hij de Sultan om haar drie maanden lang tegen te houden
perhaps within the time his son would contrive to make a richer present
misschien zou zijn zoon binnen de tijd een rijker geschenk kunnen maken
The Sultan granted the wish of his Vizier
De sultan gaf gehoor aan de wens van zijn vizier

and he told Aladdin's mother that he consented to the marriage
en hij vertelde Aladdins moeder dat hij instemde met het huwelijk
but she was not allowed appear before him again for three months
maar ze mocht drie maanden lang niet meer voor hem verschijnen
Aladdin waited patiently for nearly three months
Aladdin wachtte geduldig gedurende bijna drie maanden
after two months had elapsed his mother went to go to the market
nadat er twee maanden waren verstreken ging zijn moeder naar de markt
she was going into the city to buy oil
Ze ging naar de stad om olie te kopen
when she got to the market she found every one rejoicing
Toen ze op de markt aankwam, zag ze dat iedereen vrolijk was
so she asked what was going on
dus ze vroeg wat er aan de hand was
"Do you not know?" was the answer
"Weet je het niet?" was het antwoord
"the son of the Grand Vizier is to marry the Sultan's daughter tonight"
"De zoon van de grootvizier zal vanavond met de dochter van de sultan trouwen"
Breathless, she ran and told Aladdin
Buiten adem rende ze naar Aladdin en vertelde het hem.
at first Aladdin was overwhelmed
in het begin was Aladdin overweldigd
but then he thought of the magic lamp and rubbed it
maar toen dacht hij aan de magische lamp en wreef erover
once again the genie appeared out of the lamp
opnieuw verscheen de geest uit de lamp

"What is thy will?" asked the genie
"Wat is jouw wil?" vroeg de geest
"The Sultan, as thou knowest, has broken his promise to me"
"De Sultan heeft, zoals u weet, zijn belofte aan mij gebroken"
"the Vizier's son is to have the Princess"
"de zoon van de Vizier zal de Prinses krijgen"
"My command is that tonight you bring the bride and bridegroom"
"Mijn bevel is dat je vanavond de bruid en bruidegom meeneemt"
"Master, I obey," said the genie
"Meester, ik gehoorzaam," zei de geest
Aladdin then went to his chamber
Aladdin ging toen naar zijn kamer
sure enough, at midnight the genie transported a bed
inderdaad, om middernacht vervoerde de geest een bed
and the bed contained the Vizier's son and the Princess
en het bed bevatte de zoon van de vizier en de prinses
"Take this new-married man, genie," he said
"Neem deze pasgetrouwde man, geest," zei hij
"put him outside in the cold for the night"
"zet hem voor de nacht buiten in de kou"
"then return the couple again at daybreak"
"dan brengen ze het paar weer terug bij zonsopgang"
So the genie took the Vizier's son out of bed
Dus de geest haalde de zoon van de Vizier uit bed
and he left Aladdin with the Princess
en hij liet Aladdin achter bij de prinses
"Fear nothing," Aladdin said to her, "you are my wife"
"Wees nergens bang voor," zei Aladdin tegen haar, "jij bent mijn vrouw"
"you were promised to me by your unjust father"
"Je bent mij beloofd door je onrechtvaardige vader"

"and no harm shall come to you"
"en u zal geen kwaad overkomen"
The Princess was too frightened to speak
De prinses was te bang om te spreken
and she passed the most miserable night of her life
en ze bracht de meest ellendige nacht van haar leven door
although Aladdin lay down beside her and slept soundly
hoewel Aladdin naast haar ging liggen en diep sliep
At the appointed hour the genie fetched in the shivering bridegroom
Op het afgesproken uur kwam de geest de bibberende bruidegom binnen
he laid him in his place
hij legde hem op zijn plaats
and he transported the bed back to the palace
en hij vervoerde het bed terug naar het paleis
Presently the Sultan came to wish his daughter good-morning
Op dat moment kwam de sultan om zijn dochter goedemorgen te wensen
The unhappy Vizier's son jumped up and hid himself
De ongelukkige zoon van de Vizier sprong op en verborg zich
and the Princess would not say a word
en de prinses wilde geen woord zeggen
and she was very sorrowful
en ze was erg verdrietig
The Sultan sent her mother to her
De sultan stuurde haar moeder naar haar toe
"Why will you not speak to your father, child?"
"Waarom wil je niet met je vader praten, kind?"
"What has happened?" she asked
"Wat is er gebeurd?" vroeg ze
The Princess sighed deeply
De prinses zuchtte diep

and at last she told her mother what had happened
en uiteindelijk vertelde ze haar moeder wat er was gebeurd
she told her how the bed had been carried into some strange house
Ze vertelde haar hoe het bed naar een vreemd huis was gedragen
and she told of what had happened in the house
en ze vertelde wat er in het huis was gebeurd
Her mother did not believe her in the least
Haar moeder geloofde haar in het geheel niet
and she bade her to consider it an idle dream
en ze zei dat ze het als een ijdele droom moest beschouwen
The following night exactly the same thing happened
De volgende nacht gebeurde precies hetzelfde
and the next morning the princess wouldn't speak either
en de volgende morgen wilde de prinses ook niet spreken
on the Princess's refusal to speak, the Sultan threatened to cut off her head
Toen de prinses weigerde te spreken, dreigde de sultan haar hoofd af te hakken
She then confessed all that had happened
Ze bekende toen alles wat er gebeurd was
and she bid him to ask the Vizier's son
en ze droeg hem op om de zoon van de Vizier te vragen
The Sultan told the Vizier to ask his son
De sultan zei tegen de vizier dat hij zijn zoon moest vragen
and the Vizier's son told the truth
en de zoon van de Vizier vertelde de waarheid
he added that he dearly loved the Princess
hij voegde eraan toe dat hij veel van de prinses hield
"but I would rather die than go through another such fearful night"
"maar ik zou liever sterven dan nog zo'n angstaanjagende nacht door te maken"
and he wished to be separated from her, which was

granted
en hij wenste van haar gescheiden te worden, wat hem werd toegestaan
and then there was an end to the feasting and rejoicing
en toen kwam er een einde aan het feesten en juichen
then the three months were over
toen waren de drie maanden voorbij
Aladdin sent his mother to remind the Sultan of his promise
Aladdin stuurde zijn moeder om de sultan aan zijn belofte te herinneren
She stood in the same place as before
Ze stond op dezelfde plaats als voorheen
the Sultan had forgotten Aladdin
de Sultan was Aladdin vergeten
but at once he remembered him again
maar meteen herinnerde hij zich hem weer
and he asked for her to come to him
en hij vroeg haar om naar hem toe te komen
On seeing her poverty the Sultan felt less inclined than ever to keep his word
Toen de Sultan haar armoede zag, voelde hij zich minder geneigd dan ooit om zijn woord te houden
and he asked his Vizier's advice
en hij vroeg zijn vizier om advies
he counselled him to set a high value on the Princess
Hij raadde hem aan om een hoge waarde te hechten aan de prinses
a price so high that no man alive could come afford her
een prijs zo hoog dat geen enkele man ter wereld haar zich kon veroorloven
The Sultan then turned to Aladdin's mother, saying:
De Sultan wendde zich vervolgens tot Aladdins moeder en zei:
"Good woman, a Sultan must remember his promises"

"Goede vrouw, een sultan moet zijn beloften nakomen"
"and I will remember my promise"
"en ik zal mijn belofte gedenken"
"but your son must first send me forty basins of gold"
"maar uw zoon moet mij eerst veertig bekkens met goud sturen"
"and the gold basins must be full of jewels"
"en de gouden bekkens moeten vol juwelen zitten"
"and they must be carried by forty black camels"
"en ze moeten door veertig zwarte kamelen worden gedragen"
"and in front of each black camel there is to be a white camel"
"en voor elke zwarte kameel zal er een witte kameel zijn"
"and all the camels are to be splendidly dressed"
"en alle kamelen moeten prachtig gekleed zijn"
"Tell him that I await his answer"
"Zeg hem dat ik op zijn antwoord wacht"
The mother of Aladdin bowed low
De moeder van Aladdin boog diep
and then she went home
en toen ging ze naar huis
although she thought all was lost
hoewel ze dacht dat alles verloren was
She gave Aladdin the message
Ze gaf Aladdin de boodschap
and she added, "He may wait long enough for your answer!"
en ze voegde eraan toe: "Hij zal misschien wel lang genoeg op je antwoord wachten!"
"Not so long as you think, mother," her son replied
"Niet zolang je denkt, moeder," antwoordde haar zoon
"I would do a great deal more than that for the Princess"
"Ik zou veel meer doen voor de prinses"
and he summoned the genie again

en hij riep de geest opnieuw op
and in a few moments the eighty camels arrived
en binnen enkele ogenblikken arriveerden de tachtig kamelen
and they took up all space in the small house and garden
en ze namen alle ruimte in beslag in het kleine huis en de tuin
Aladdin made the camels set out to the palace
Aladdin liet de kamelen naar het paleis vertrekken
and the camels were followed by his mother
en de kamelen werden gevolgd door zijn moeder
The camels were very richly dressed
De kamelen waren zeer rijk gekleed
and splendid jewels were on the girdles of the camels
en prachtige juwelen zaten op de gordels van de kamelen
and everyone crowded around to see the camels
en iedereen verzamelde zich om de kamelen te zien
and they saw the basins of gold the camels carried on their backs
en ze zagen de gouden bekkens die de kamelen op hun ruggen droegen
They entered the palace of the Sultan
Ze betraden het paleis van de Sultan
and the camels kneeled before him in a semi circle
en de kamelen knielden voor hem in een halve cirkel
and Aladdin's mother presented the camels to the Sultan
en Aladdins moeder presenteerde de kamelen aan de Sultan
He hesitated no longer, but said:
Hij aarzelde niet langer, maar zei:
"Good woman, return to your son"
"Goede vrouw, ga terug naar je zoon"
"tell him that I wait for him with open arms"
"vertel hem dat ik met open armen op hem wacht"
She lost no time in telling Aladdin

Ze verloor geen tijd om het Aladdin te vertellen
and she bid him to make haste
en zij gebood hem om haast te maken
But Aladdin first called for the genie
Maar Aladdin riep eerst om de geest
"I want a scented bath," he said
"Ik wil een geurend bad", zei hij
"and I want a horse more beautiful than the Sultan's"
"en ik wil een paard dat mooier is dan dat van de Sultan"
"and I want twenty servants to attend to me"
"en ik wil twintig dienaren die voor mij zorgen"
"and I also want six beautifully dressed servants to wait on my mother"
"en ik wil ook zes prachtig geklede bedienden om mijn moeder te bedienen"
"and lastly, I want ten thousand pieces of gold in ten purses"
"en als laatste wil ik tienduizend goudstukken in tien beurzen"
No sooner had he said what he wanted and it was done
Nauwelijks had hij gezegd wat hij wilde en het was gebeurd
Aladdin mounted his beautiful horse
Aladdin besteeg zijn prachtige paard
and he passed through the streets
en hij liep door de straten
the servants cast gold into the crowd as they went
de dienaren gooiden goud in de menigte terwijl ze gingen
Those who had played with him in his childhood knew him not
Degenen die in zijn jeugd met hem hadden gespeeld, kenden hem niet
he had grown very handsome
hij was erg knap geworden
When the Sultan saw him he came down from his throne

Toen de Sultan hem zag, kwam hij van zijn troon af
he embraced his new son-in-law with open arms
hij omarmde zijn nieuwe schoonzoon met open armen
and he led him into a hall where a feast was spread
en hij leidde hem naar een zaal waar een feestmaal werd geserveerd
he intended to marry him to the Princess that very day
hij was van plan hem diezelfde dag nog aan de prinses te laten trouwen
But Aladdin refused to marry straight away
Maar Aladdin weigerde meteen te trouwen
"first I must build a palace fit for the princess"
"eerst moet ik een paleis bouwen dat geschikt is voor de prinses"
and then he took his leave
en toen nam hij afscheid
Once home, he said to the genie:
Eenmaal thuis zei hij tegen de geest:
"Build me a palace of the finest marble"
"Bouw mij een paleis van het fijnste marmer"
"set the palace with jasper, agate, and other precious stones"
"bekleed het paleis met jaspis, agaat en andere edelstenen"
"In the middle of the palace you shall build me a large hall with a dome"
"In het midden van het paleis bouw je voor mij een grote zaal met een koepel"
"the four walls of the hall will be of masses of gold and silver"
"de vier muren van de hal zullen bestaan uit massa's goud en zilver"
"and each wall will have six windows"
"en elke muur zal zes ramen hebben"
"and the lattices of the windows will be set with precious jewels"

"en de tralies van de vensters zullen met kostbare juwelen worden bezet"
"but there must be one window that is not decorated"
"maar er moet één raam zijn dat niet versierd is"
"go see that it gets done!"
"Ga ervoor zorgen dat het gedaan wordt!"
The palace was finished by the next day
Het paleis was de volgende dag klaar
the genie carried him to the new palace
de geest droeg hem naar het nieuwe paleis
and he showed him how all his orders had been faithfully carried out
en hij liet hem zien hoe al zijn bevelen getrouw waren uitgevoerd
even a velvet carpet had been laid from Aladdin's palace to the Sultan's
er was zelfs een fluwelen tapijt gelegd van Aladdins paleis naar het paleis van de sultan
Aladdin's mother then dressed herself carefully
Aladdins moeder kleedde zich vervolgens zorgvuldig aan
and she walked to the palace with her servants
en ze liep met haar dienaren naar het paleis
and Aladdin followed her on horseback
en Aladdin volgde haar te paard
The Sultan sent musicians with trumpets and cymbals to meet them
De Sultan stuurde muzikanten met trompetten en cimbalen om hen te ontmoeten
so the air resounded with music and cheers
dus de lucht klonk van muziek en gejuich
She was taken to the Princess, who saluted her
Ze werd naar de prinses gebracht, die haar groette
and she treated her with great honour
en zij behandelde haar met grote eer
At night the Princess said good-bye to her father

's Nachts nam de prinses afscheid van haar vader
and she set out on the carpet for Aladdin's palace
en ze ging op pad voor het paleis van Aladdin
his mother was at her side
zijn moeder was aan haar zijde
and they were followed by their entourage of servants
en ze werden gevolgd door hun gevolg van dienaren
She was charmed at the sight of Aladdin
Ze was betoverd door het gezicht van Aladdin
and Aladdin ran to receive her into the palace
en Aladdin rende om haar in het paleis te ontvangen
"Princess," he said, "blame your beauty for my boldness"
"Prinses," zei hij, "geef mijn stoutmoedigheid maar de schuld aan jouw schoonheid"
"I hope I have not displeased you"
"Ik hoop dat ik u niet heb teleurgesteld"
she said she willingly obeyed her father in this matter
Ze zei dat ze haar vader in deze zaak gewillig gehoorzaamde
because she had seen that he is handsome
omdat ze had gezien dat hij knap is
After the wedding had taken place Aladdin led her into the hall
Nadat de bruiloft had plaatsgevonden leidde Aladdin haar naar de hal
a great feast was spread out in the hall
in de hal werd een groot feest gehouden
and she supped with him
en ze dineerde met hem
after eating they danced till midnight
na het eten dansten ze tot middernacht
The next day Aladdin invited the Sultan to see the palace
De volgende dag nodigde Aladdin de Sultan uit om het paleis te bezichtigen
they entered the hall with the four-and-twenty windows

ze kwamen de hal binnen met de vierentwintig ramen
the windows were decorated with rubies, diamonds, and emeralds
de ramen waren versierd met robijnen, diamanten en smaragden
he cried, "The palace is one of the wonders of the world!"
riep hij, "Het paleis is een van de wereldwonderen!"
"There is only one thing that surprises me"
"Er is maar één ding dat mij verbaast"
"Was it by accident that one window was left unfinished?"
"Was het per ongeluk dat één raam onafgemaakt bleef?"
"No, sir, it was done so by design," replied Aladdin
"Nee meneer, het was met opzet gedaan," antwoordde Aladdin
"I wished your Majesty to have the glory of finishing this palace"
"Ik wenste dat Uwe Majesteit de eer zou hebben dit paleis af te maken"
The Sultan was pleased to be given this honour
De Sultan was verheugd dat hem deze eer werd verleend
and he sent for the best jewellers in the city
en hij stuurde om de beste juweliers in de stad
He showed them the unfinished window
Hij liet hun het onafgemaakte raam zien
and he bade them to decorate the window like the others
en hij beval hen om het raam te versieren zoals de anderen
"Sir," replied their spokesman
"Mijnheer," antwoordde hun woordvoerder
"we cannot find enough jewels"
"we kunnen niet genoeg juwelen vinden"
so the Sultan had his own jewels fetched
dus de Sultan liet zijn eigen juwelen halen
but those jewels were soon used up too
maar die juwelen waren al snel ook op

even after a month's time the work was not half done
zelfs na een maand was het werk nog niet half af
Aladdin knew that their task was impossible
Aladdin wist dat hun taak onmogelijk was
he bade them to undo their work
Hij gebood hen hun werk ongedaan te maken
and he bade them to carry the jewels back
en hij beval hen de juwelen terug te brengen
the genie finished the window at his command
de geest maakte het raam op zijn bevel af
The Sultan was surprised to receive his jewels again
De Sultan was verrast toen hij zijn juwelen weer ontving
he visited Aladdin, who showed him the finished window
hij bezocht Aladdin, die hem het voltooide raam liet zien
and the Sultan embraced his son in law
en de Sultan omhelsde zijn schoonzoon
meanwhile, the envious Vizier suspected the work of enchantment
Ondertussen vermoedde de jaloerse Vizier het werk van betovering
Aladdin had won the hearts of the people by his gentle manner
Aladdin had de harten van de mensen gewonnen door zijn zachtaardige manier van doen
He was made captain of the Sultan's armies
Hij werd kapitein van de legers van de Sultan
and he won several battles for his army
en hij won verschillende veldslagen voor zijn leger
but he remained as modest and courteous as before
maar hij bleef even bescheiden en hoffelijk als voorheen
in this way he lived in peace and content for several years
op deze manier leefde hij een aantal jaren in vrede en tevredenheid
But far away in Africa the magician remembered Aladdin

Maar ver weg in Afrika herinnerde de magiër zich Aladdin
and by his magic arts he discovered Aladdin hadn't perished in the cave
en door zijn magische kunsten ontdekte hij dat Aladdin niet in de grot was omgekomen
but instead of perishing, he had escaped and married the princess
maar in plaats van te sterven, was hij ontsnapt en getrouwd met de prinses
and now he was living in great honour and wealth
en nu leefde hij in grote eer en rijkdom
He knew that the poor tailor's son could only have accomplished this by means of the magic lamp
Hij wist dat de zoon van de arme kleermaker dit alleen met behulp van de wonderlamp had kunnen bereiken
and he travelled night and day until he reached the city
en hij reisde dag en nacht totdat hij de stad bereikte
he was bent on making sure of Aladdin's ruin
hij was vastbesloten om Aladdin's ondergang te bewerkstelligen
As he passed through the town he heard people talking
Toen hij door de stad liep, hoorde hij mensen praten
all they could talk about was the marvellous palace
het enige waar ze over konden praten was het prachtige paleis
"Forgive my ignorance," he asked
"Vergeef mijn onwetendheid," vroeg hij
"what is this palace you speak of?"
"Wat is dit voor paleis waar je het over hebt?"
"Have you not heard of Prince Aladdin's palace?" was the reply
"Heb je nog nooit gehoord van het paleis van Prins Aladdin?" was het antwoord
"the palace is one of the greatest wonders of the world"
"het paleis is een van de grootste wereldwonderen"

"I will direct you to the palace, if you would like to see it"
"Ik zal je naar het paleis leiden, als je het wilt zien"
The magician thanked him for bringing him to the palace
De magiër bedankte hem dat hij hem naar het paleis had gebracht
and having seen the palace, he knew that it had been built by the Genie of the Lamp
en toen hij het paleis zag, wist hij dat het gebouwd was door de Geest van de Lamp
this made him half mad with rage
dit maakte hem half gek van woede
He was determined to get hold of the magic lamp
Hij was vastbesloten om de magische lamp te bemachtigen
and he was going to plunge Aladdin into the deepest poverty again
en hij zou Aladdin opnieuw in de diepste armoede storten
Unluckily, Aladdin had gone on a hunting trip for eight days
Helaas was Aladdin acht dagen op jacht geweest
this gave the magician plenty of time
dit gaf de goochelaar voldoende tijd
He bought a dozen copper lamps
Hij kocht een dozijn koperen lampen
and he put the copper lamps into a basket
en hij legde de koperen lampen in een mand
and then he went to the palace
en toen ging hij naar het paleis
"New lamps for old lamps!" he exclaimed
"Nieuwe lampen voor oude lampen!" riep hij uit
and he was followed by a jeering crowd
en hij werd gevolgd door een joelende menigte
The Princess was sitting in the hall of four-and-twenty windows
De prinses zat in de hal met vierentwintig ramen
she sent a servant to find out what the noise was about

Ze stuurde een bediende om uit te zoeken waar het lawaai vandaan kwam
the servant came back laughing so much that the Princess scolded her
de dienaar kwam lachend terug, zo erg dat de prinses haar uitschold
"Madam," replied the servant
"Mevrouw," antwoordde de bediende
"who can help but laughing when you see such a thing?"
"Wie kan het niet laten om te lachen als hij zoiets ziet?"
"an old fool is offering to exchange fine new lamps for old lamps"
"een oude dwaas biedt aan om mooie nieuwe lampen te ruilen voor oude lampen"
Another servant, hearing this, spoke up
Een andere dienaar hoorde dit en sprak
"There is an old lamp on the cornice which he can have"
"Er staat een oude lamp op de kroonlijst die hij mag hebben"
this, of course, was the magic lamp
dit was natuurlijk de magische lamp
Aladdin had left the magic lamp there, as he could not take it with him
Aladdin had de magische lamp daar achtergelaten, omdat hij hem niet mee kon nemen
The Princess didn't know know the lamp's value
De prinses wist niet wat de waarde van de lamp was
laughingly, she bade the servant to exchange the magic lamp
Lachend gebood ze de dienaar om de magische lamp te ruilen
the servant took the lamp to the magician
de dienaar bracht de lamp naar de tovenaar
"Give me a new lamp for this lamp," she said
"Geef mij een nieuwe lamp voor deze lamp," zei ze

He snatched the lamp and bade the servant to pick another lamp
Hij greep de lamp en gebood de bediende een andere lamp te pakken
and the entire crowd jeered at the sight
en de hele menigte joelde bij het zien ervan
but the magician cared little for the crowd
maar de goochelaar gaf weinig om de menigte
he left the crowd with the magic lamp he had set out to get
hij liet de menigte achter met de magische lamp die hij had willen krijgen
and he went out of the city gates to a lonely place
en hij ging uit de stadspoorten naar een eenzame plaats
there he remained till nightfall
daar bleef hij tot het donker werd
and at nightfall he pulled out the magic lamp and rubbed it
en bij het vallen van de avond haalde hij de magische lamp tevoorschijn en wreef ermee
The genie appeared to the magician
De geest verscheen aan de magiër
and the magician made his command to the genie
en de magiër gaf zijn bevel aan de geest
"carry me, the princess, and the palace to a lonely place in Africa"
"draag mij, de prinses, en het paleis naar een eenzame plek in Afrika"
Next morning the Sultan looked out of the window toward Aladdin's palace
De volgende morgen keek de Sultan uit het raam naar het paleis van Aladdin
and he rubbed his eyes when he saw the palace was gone
en hij wreef in zijn ogen toen hij zag dat het paleis verdwenen was

He sent for the Vizier and asked what had become of the palace
Hij liet de vizier komen en vroeg wat er met het paleis was gebeurd
The Vizier looked out too, and was lost in astonishment
De vizier keek ook naar buiten en was verbijsterd
He again put the events down to enchantment
Hij schreef de gebeurtenissen opnieuw toe aan betovering
and this time the Sultan believed him
en deze keer geloofde de Sultan hem
he sent thirty men on horseback to fetch Aladdin in chains
hij stuurde dertig mannen te paard om Aladdin in ketenen te halen
They met him riding home
Ze ontmoetten hem terwijl hij naar huis reed
they bound him and forced him to go with them on foot
ze bonden hem vast en dwongen hem om te voet met hen mee te gaan
The people, however, who loved him, followed them to the palace
De mensen die van hem hielden, volgden hen echter naar het paleis
they would make sure that he came to no harm
ze zouden ervoor zorgen dat hem geen kwaad overkwam
He was carried before the Sultan
Hij werd voor de Sultan gedragen
and the Sultan ordered the executioner to cut off his head
en de sultan gaf de beul opdracht zijn hoofd af te hakken
The executioner made Aladdin kneel down before a block of wood
De beul liet Aladdin knielen voor een blok hout
he bandaged his eyes so that he could not see
hij verbond zijn ogen zodat hij niet kon zien
and he raised his scimitar to strike

en hij hief zijn kromzwaard op om te slaan
At that instant the Vizier saw the crowd had forced their way into the courtyard
Op dat moment zag de vizier dat de menigte zich een weg naar de binnenplaats had gebaand
they were scaling the walls to rescue Aladdin
ze beklommen de muren om Aladdin te redden
so he called to the executioner to halt
dus riep hij de beul om te stoppen
The people, indeed, looked so threatening that the Sultan gave way
De mensen zagen er inderdaad zo dreigend uit dat de Sultan toe gaf
and he ordered Aladdin to be unbound
en hij beval Aladdin los te maken
he pardoned him in the sight of the crowd
hij vergaf hem in het zicht van de menigte
Aladdin now begged to know what he had done
Aladdin smeekte nu om te weten wat hij had gedaan
"False wretch!" said the Sultan, "come thither"
"Valse ellendeling!" zei de Sultan, "kom daarheen"
he showed him from the window the place where his palace had stood
hij liet hem vanuit het raam de plaats zien waar zijn paleis had gestaan
Aladdin was so amazed that he could not say a word
Aladdin was zo verbaasd dat hij geen woord kon uitbrengen
"Where are my palace and my daughter?" demanded the Sultan
"Waar zijn mijn paleis en mijn dochter?" vroeg de Sultan
"For the palace I am not so deeply concerned"
"Het paleis interesseert mij niet zo veel"
"but my daughter I must have"
"maar mijn dochter moet ik hebben"

"and you must find her, or lose your head"
"en je moet haar vinden, of je verliest je hoofd"

Aladdin begged to be granted forty days in which to find her
Aladdin smeekte om veertig dagen de tijd te krijgen om haar te vinden

he promised that if he failed he would return
hij beloofde dat als hij zou falen, hij zou terugkeren

and on his return he would suffer death at the Sultan's pleasure
en bij zijn terugkeer zou hij ter dood worden veroordeeld, naar goeddunken van de Sultan

His prayer was granted by the Sultan
Zijn gebed werd door de Sultan verhoord

and he went forth sadly from the Sultan's presence
en hij verliet met droefheid de aanwezigheid van de Sultan

For three days he wandered about like a madman
Drie dagen lang zwierf hij als een gek rond

he asked everyone what had become of his palace
hij vroeg iedereen wat er met zijn paleis was gebeurd

but they only laughed and pitied him
maar ze lachten alleen maar en hadden medelijden met hem

He came to the banks of a river
Hij kwam aan de oever van een rivier

he knelt down to say his prayers before throwing himself in
hij knielde neer om zijn gebeden te zeggen voordat hij zichzelf in het water wierp

In so doing he rubbed the magic ring he still wore
Terwijl hij dat deed wreef hij over de magische ring die hij nog steeds droeg

The genie he had seen in the cave appeared
De geest die hij in de grot had gezien, verscheen

and he asked him what his will was

en hij vroeg hem wat zijn wil was
"Save my life, genie," said Aladdin
"Red mijn leven, geest," zei Aladdin
"bring my palace back"
"breng mijn paleis terug"
"That is not in my power," said the genie
"Dat ligt niet in mijn macht", zei de geest
"I am only the Slave of the Ring"
"Ik ben slechts de slaaf van de ring"
"you must ask him for the magic lamp"
"Je moet hem om de magische lamp vragen"
"that might be true," said Aladdin
"Dat zou waar kunnen zijn", zei Aladdin
"but thou canst take me to the palace"
"maar jij kunt mij naar het paleis brengen"
"set me down under my dear wife's window"
"Zet mij neer onder het raam van mijn lieve vrouw"
He at once found himself in Africa
Hij bevond zich onmiddellijk in Afrika
he was under the window of the Princess
hij stond onder het raam van de prinses
and he fell asleep out of sheer weariness
en hij viel in slaap van pure vermoeidheid
He was awakened by the singing of the birds
Hij werd wakker door het gezang van de vogels
and his heart was lighter than it was before
en zijn hart was lichter dan voorheen
He saw that all his misfortunes were due to the loss of the magic lamp
Hij zag dat al zijn ongelukken te wijten waren aan het verlies van de magische lamp
and he vainly wondered who had robbed him of his magic lamp
en hij vroeg zich tevergeefs af wie hem zijn magische lamp had ontnomen

That morning the Princess rose earlier than she normally
Die ochtend stond de prinses eerder op dan normaal
once a day she was forced to endure the magicians company
eens per dag werd ze gedwongen het gezelschap van de goochelaar te verdragen
She, however, treated him very harshly
Zij behandelde hem echter zeer hard
so he dared not live with her in the palace
dus durfde hij niet met haar in het paleis te leven
As she was dressing, one of her women looked out and saw Aladdin
Terwijl ze zich aan het aankleden was, keek een van haar vrouwen naar buiten en zag Aladdin
The Princess ran and opened the window
De prinses rende en opende het raam
at the noise she made Aladdin looked up
bij het geluid dat ze maakte keek Aladdin op
She called to him to come to her
Ze riep hem toe om naar haar toe te komen
it was a great joy for the lovers to see each other again
het was een grote vreugde voor de geliefden om elkaar weer te zien
After he had kissed her Aladdin said:
Nadat hij haar had gekust, zei Aladdin:
"I beg of you, Princess, in God's name"
"Ik smeek u, prinses, in naam van God"
"before we speak of anything else"
"voordat we over iets anders spreken"
"for your own sake and mine"
"voor jouw bestwil en die van mij"
"tell me what has become of the old lamp"
"vertel me wat er met de oude lamp is gebeurd"
"I left the lamp on the cornice in the hall of four-and-twenty windows"

"Ik liet de lamp op de kroonlijst in de hal met vierentwintig ramen zitten"
"Alas!" she said, "I am the innocent cause of our sorrows"
"Helaas!" zei ze, "ik ben de onschuldige oorzaak van ons verdriet"
and she told him of the exchange of the magic lamp
en ze vertelde hem over de uitwisseling van de magische lamp
"Now I know," cried Aladdin
"Nu weet ik het," riep Aladdin
"we have to thank the magician for this!"
"We moeten de goochelaar hiervoor bedanken!"
"Where is the magic lamp?"
"Waar is de magische lamp?"
"He carries the lamp about with him," said the Princess
"Hij draagt de lamp met zich mee," zei de prinses
"I know he carries the lamp with him"
"Ik weet dat hij de lamp bij zich draagt"
"because he pulled the lamp out of his breast pocket to show me"
"omdat hij de lamp uit zijn borstzak haalde om het mij te laten zien"
"and he wishes me to break my faith with you and marry him"
"en hij wil dat ik mijn trouw met jou verbreek en met hem trouw"
"and he said you were beheaded by my father's command"
"en hij zei dat je onthoofd was op bevel van mijn vader"
"He is always speaking ill of you"
"Hij spreekt altijd kwaad over je"
"but I only reply with my tears"
"maar ik antwoord alleen met mijn tranen"
"If I can persist, I doubt not"
"Als ik kan volhouden, twijfel ik niet"

"but he will use violence"
"maar hij zal geweld gebruiken"
Aladdin comforted his wife
Aladdin troostte zijn vrouw
and he left her for a while
en hij verliet haar voor een tijdje
He changed clothes with the first person he met in town
Hij wisselde van kleding met de eerste persoon die hij in de stad tegenkwam
and having bought a certain powder, he returned to the Princess
en nadat hij een bepaald poeder had gekocht, keerde hij terug naar de prinses
the Princess let him in by a little side door
de prinses liet hem binnen via een klein zijdeurtje
"Put on your most beautiful dress," he said to her
"Trek je mooiste jurk aan," zei hij tegen haar
"receive the magician with smiles today"
"Ontvang de goochelaar vandaag met een glimlach"
"lead him to believe that you have forgotten me"
"Laat hem geloven dat je mij vergeten bent"
"Invite him to sup with you"
"Nodig hem uit om met je te eten"
"and tell him you wish to taste the wine of his country"
"en vertel hem dat je de wijn van zijn land wilt proeven"
"He will be gone for some time"
"Hij zal een tijdje weg zijn"
"while he is gone I will tell you what to do"
"Terwijl hij weg is, zal ik je vertellen wat je moet doen"
She listened carefully to Aladdin
Ze luisterde aandachtig naar Aladdin
and when he left she arrayed herself beautifully
en toen hij wegging, kleedde ze zich prachtig aan
she hadn't dressed like this since she had left her city
ze had zich niet meer zo gekleed sinds ze haar stad had

verlaten
She put on a girdle and head-dress of diamonds
Ze droeg een gordel en een hoofdtooi van diamanten
she was more beautiful than ever
ze was mooier dan ooit
and she received the magician with a smile
en ze ontving de magiër met een glimlach
"I have made up my mind that Aladdin is dead"
"Ik heb besloten dat Aladdin dood is"
"my tears will not bring him back to me"
"mijn tranen zullen hem niet bij mij terugbrengen"
"so I am resolved to mourn no more"
"dus ik ben vastbesloten om niet meer te rouwen"
"therefore I invite you to sup with me"
"daarom nodig ik u uit om met mij te eten"
"but I am tired of the wines we have"
"maar ik ben de wijnen die we hebben beu"
"I would like to taste the wines of Africa"
"Ik wil de wijnen van Afrika proeven"
The magician ran to his cellar
De goochelaar rende naar zijn kelder
and the Princess put the powder Aladdin had given her in her cup
en de prinses deed het poeder dat Aladdin haar had gegeven in haar kopje
When he returned she asked him to drink to her health
Toen hij terugkwam, vroeg ze hem om op haar gezondheid te drinken
and she handed him her cup in exchange for his
en ze gaf hem haar beker in ruil voor zijn
this was done as a sign to show she was reconciled to him
dit werd gedaan als een teken om te laten zien dat ze met hem verzoend was
Before drinking the magician made her a speech
Voordat ze ging drinken, hield de magiër een toespraak

voor haar
he wanted to praise her beauty
hij wilde haar schoonheid prijzen
but the Princess cut him short
maar de prinses onderbrak hem
"Let us drink first"
"Laten we eerst drinken"
"and you shall say what you will afterwards"
"en je zult daarna zeggen wat je wilt"
She set her cup to her lips and kept it there
Ze zette haar kopje aan haar lippen en hield het daar
the magician drained his cup to the dregs
de magiër dronk zijn beker leeg tot de bodem
and upon finishing his drink he fell back lifeless
en toen hij zijn drankje op had, viel hij levenloos achterover
The Princess then opened the door to Aladdin
De prinses opende toen de deur voor Aladdin
and she flung her arms round his neck
en ze sloeg haar armen om zijn nek
but Aladdin asked her to leave him
maar Aladdin vroeg haar om hem te verlaten
there was still more to be done
er moest nog meer gebeuren
He then went to the dead magician
Hij ging toen naar de dode magiër
and he took the lamp out of his vest
en hij haalde de lamp uit zijn vest
he bade the genie to carry the palace back
hij beval de geest om het paleis terug te dragen
the Princess in her chamber only felt two little shocks
de prinses in haar kamer voelde slechts twee kleine schokjes
in little time she was at home again
binnen korte tijd was ze weer thuis
The Sultan was sitting on his balcony

De Sultan zat op zijn balkon
he was mourning for his lost daughter
hij rouwde om zijn verloren dochter
he looked up and had to rub his eyes again
hij keek op en moest opnieuw in zijn ogen wrijven
the palace stood there as it had before
het paleis stond er nog steeds zoals het er eerst uitzag
He hastened over to the palace to see his daughter
Hij haastte zich naar het paleis om zijn dochter te zien
Aladdin received him in the hall of the palace
Aladdin ontving hem in de hal van het paleis
and the princess was at his side
en de prinses was aan zijn zijde
Aladdin told him what had happened
Aladdin vertelde hem wat er was gebeurd
and he showed him the dead body of the magician
en hij liet hem het dode lichaam van de magiër zien
so that the Sultan would believe him
zodat de Sultan hem zou geloven
A ten days' feast was proclaimed
Er werd een feest van tien dagen uitgeroepen
and it seemed as if Aladdin might now live the rest of his life in peace
en het leek erop dat Aladdin nu de rest van zijn leven in vrede kon leven
but his life was not to be as peaceful as he had hoped
maar zijn leven zou niet zo vredig zijn als hij had gehoopt
The African magician had a younger brother
De Afrikaanse magiër had een jongere broer
he was maybe even more wicked and cunning than his brother
hij was misschien nog wel slechter en sluwer dan zijn broer
He travelled to Aladdin to avenge his brother's death
Hij reisde naar Aladdin om de dood van zijn broer te wreken

he went to visit a pious woman called Fatima
hij ging op bezoek bij een vrome vrouw genaamd Fatima
he thought she might be of use to him
hij dacht dat ze hem van nut zou kunnen zijn
He entered her cell and put a dagger to her breast
Hij kwam haar cel binnen en zette een dolk op haar borst
then he told her to rise and do his bidding
toen zei hij haar op te staan en zijn bevelen op te volgen
and if she didn't he said he would kill her
en als ze dat niet deed, zei hij dat hij haar zou vermoorden
He changed his clothes with her
Hij wisselde zijn kleren met haar
and he coloured his face like hers
en hij kleurde zijn gezicht zoals het hare
he put on her veil so that he looked just like her
hij deed haar sluier op zodat hij precies op haar leek
and finally he murdered her despite her compliance
en uiteindelijk vermoordde hij haar ondanks haar instemming
so that she could tell no tales
zodat ze geen verhalen kon vertellen
Then he went towards the palace of Aladdin
Toen ging hij naar het paleis van Aladdin
all the people thought he was the holy woman
alle mensen dachten dat hij de heilige vrouw was
they gathered round him to kiss his hands
ze verzamelden zich om hem heen om zijn handen te kussen
and they begged for his blessing
en ze smeekten om zijn zegen
When he got to the palace there was a great commotion around him
Toen hij bij het paleis aankwam, ontstond er een grote beroering om hem heen
the princess wanted to know what all the noise was about

de prinses wilde weten waar al dat lawaai over ging
so she bade her servant to look out of the window
dus beval ze haar dienaar om uit het raam te kijken
and her servant asked what the noise was all about
en haar dienaar vroeg wat het geluid betekende
she found out it was the holy woman causing the commotion
ze ontdekte dat het de heilige vrouw was die de commotie veroorzaakte
she was curing people of their ailments by touching them
Ze genas mensen van hun kwalen door ze aan te raken
the Princess had long desired to see Fatima
de prinses had er al lang naar verlangd om Fatima te zien
so she got her servant to ask her into the palace
dus ze liet haar dienaar haar uitnodigen om het paleis binnen te komen
and the false Fatima accepted the offer into the palace
en de valse Fatima accepteerde het aanbod in het paleis
the magician offered up a prayer for her health and prosperity
de magiër sprak een gebed uit voor haar gezondheid en voorspoed
the Princess made him sit by her
de prinses liet hem naast haar zitten
and she begged him to stay with her
en ze smeekte hem om bij haar te blijven
The false Fatima wished for nothing better
De valse Fatima wenste niets beters
and she consented to the princess' wish
en ze stemde in met de wens van de prinses
but he kept his veil down
maar hij hield zijn sluier omlaag
because he knew that he would be discovered otherwise
omdat hij wist dat hij anders ontdekt zou worden
The Princess showed him the hall

De prinses liet hem de hal zien
and she asked him what he thought of the hall
en ze vroeg hem wat hij van de hal vond
"It is a truly beautiful hall," said the false Fatima
"Het is werkelijk een prachtige hal", zei de valse Fatima
"but in my mind your palace still wants one thing"
"maar in mijn gedachten wil je paleis nog één ding"
"And what is it that my palace is missing?" asked the Princess
"En wat ontbreekt er in mijn paleis?" vroeg de prinses
"If only a Roc's egg were hung up from the middle of this dome"
"Als er maar een Roc-ei in het midden van deze koepel zou hangen"
"then your palace would be the wonder of the world," he said
"dan zou je paleis het wonder van de wereld zijn", zei hij
After this the Princess could think of nothing but the Roc's egg
Hierna kon de prinses aan niets anders meer denken dan aan het ei van de Roc
when Aladdin returned from hunting he found her in a very ill humour
Toen Aladdin terugkwam van de jacht, trof hij haar in een zeer slechte stemming aan
He begged to know what was amiss
Hij smeekte om te weten wat er mis was
and she told him what had spoiled her pleasure
en ze vertelde hem wat haar plezier had bedorven
"I'm made miserable for the want of a Roc's egg"
"Ik word ellendig van het gemis van een Roc-ei"
"If that is all you want you shall soon be happy," replied Aladdin
"Als dat alles is wat je wilt, zul je snel gelukkig zijn," antwoordde Aladdin

he left her and rubbed the lamp
hij verliet haar en wreef over de lamp
when the genie appeared he commanded him to bring a Roc's egg
toen de geest verscheen beval hij hem om een Roc-ei te brengen
The genie gave such a loud and terrible shriek that the hall shook
De geest gaf zo'n luide en vreselijke schreeuw dat de hal schudde
"Wretch!" he cried, "is it not enough that I have done everything for you?"
"Schurk!" riep hij, "is het niet genoeg dat ik alles voor je heb gedaan?"
"but now you command me to bring my master"
"maar nu beveelt u mij om mijn meester te brengen"
"and you want me to hang him up in the midst of this dome"
"en jij wilt dat ik hem ophang in het midden van deze koepel"
"You and your wife and your palace deserve to be burnt to ashes"
"Jij, je vrouw en je paleis verdienen het om tot as verbrand te worden"
"but this request does not come from you"
"maar dit verzoek komt niet van jou"
"the demand comes from the brother of the magician"
"de vraag komt van de broer van de magiër"
"the magician whom you have destroyed"
"de magiër die je hebt vernietigd"
"He is now in your palace disguised as the holy woman"
"Hij is nu in uw paleis, vermomd als de heilige vrouw"
"the real holy woman he has already murdered"
"de echte heilige vrouw heeft hij al vermoord"
"it was him who put that wish into your wife's head"

"Hij was degene die die wens in het hoofd van je vrouw legde"
"Take care of yourself, for he means to kill you"
"Zorg goed voor jezelf, want hij wil je vermoorden"
upon saying this, the genie disappeared
toen hij dit zei, verdween de geest
Aladdin went back to the Princess
Aladdin ging terug naar de prinses
he told her that his head ached
hij vertelde haar dat zijn hoofd pijn deed
so she requested the holy Fatima to be fetched
dus vroeg ze dat de heilige Fatima opgehaald zou worden
she could lay her hands on his head
ze kon haar handen op zijn hoofd leggen
and his headache would be cured by her powers
en zijn hoofdpijn zou door haar krachten genezen worden
when the magician came near Aladdin seized his dagger
toen de magiër dichterbij kwam greep Aladdin zijn dolk
and he pierced him in the heart
en hij doorboorde hem in het hart
"What have you done?" cried the Princess
"Wat heb je gedaan?" riep de prinses
"You have killed the holy woman!"
"Je hebt de heilige vrouw vermoord!"
"It is not so," replied Aladdin
"Dat is niet waar," antwoordde Aladdin
"I have killed a wicked magician"
"Ik heb een slechte magiër gedood"
and he told her of how she had been deceived
en hij vertelde haar hoe ze was bedrogen
After this Aladdin and his wife lived in peace
Hierna leefden Aladdin en zijn vrouw in vrede
He succeeded the Sultan when he died
Hij volgde de Sultan op toen deze stierf
he reigned over the kingdom for many years

hij regeerde vele jaren over het koninkrijk
and he left behind him a long lineage of kings
en hij liet een lange reeks koningen achter zich

The End
Het einde

www.ingramcontent.com/pod-product-compliance
Lightning Source LLC
Chambersburg PA
CBHW012009090526
44590CB00026B/3942